清·吴敬梓著

儒林外史

七册

黄山書社

清・吴敬梓著

儒林外史

七册

黄山書社

儒林外史第二十七回

王太太夫妻反目　倪廷璽兄弟相逢

話說沈大脚問定了王太太的話回家向丈夫說了次日歸姑爺來討信沈天孚如此這般告訴他說我家堂客過去着實講了一番這堂客已是千肯萬肯但我說明了他家是沒有公婆的不要叫鮑老太自已來下揷定到明日拏四樣首飾來仍舊叫我家堂客送與他擇个日子就擡人便了歸姑爺聽了這話回家去告訴丈母說這堂客手裏有幾百兩銀子的話是真的只是性子不好些會欺負丈夫這是他兩口子的事我們管他怎的鮑老太道這管他怎的現今這小厮傲頭傲腦也要娶个辣燥些的媳婦來制着他纔好老太主張着要娶這堂客隨即叫了鮑廷璽來叫他去請沈天孚金次福兩个人來爲媒鮑廷璽道我們小戶人家只是娶个窮人家女兒做媳婦好這樣堂客要了家來恐怕淘氣被他媽一頓臭罵道倒運的奴才沒福

氣的奴才你到底是那窮人家的根子開口就說要窮將來少不的要窮斷你的筋像他有許多廂籠娶進來擺擺房也是熱鬧的你這奴才知道甚麼罵的鮑廷璽不敢回言只得央及歸姑爺同着去拜媒人歸姑爺道像娘這樣費心還不討他說个是只要揀精揀肥我也犯不着要效他這个勞老太又把姑爺說了一番道他不知道好歹姐夫不必計較他姑爺方才肯同他去拜了兩个媒人次日備了一席酒請媒鮑

廷璽有生意領着班子出去做戲了就是姑爺作陪客老太家里拏出四樣金首飾四樣銀首飾來還是他前頭王氏娘子的交與沈天孚去下插定沈天孚又賺了他四樣只拏四樣首飾斗沈大腳去下插定那里接了擇定十月十三日過門到十二日把那四廂四橱和盆桶錫器兩張大床先搬了來兩个了頭坐轎子跟着到了鮑家看見老太也不曉得是他家甚麼人又不好問只得在房里舖設齊整就在房里坐着

明早歸家大姑娘坐轎子來這里請了金次福的老婆和錢麻子的老婆兩个攙親到晚一乘轎子四對燈籠火把娶進門來進房撒帳說四言八句拜花燭喫交杯盞不必細說五更鼓出來拜堂聽見說有婆婆就惹了一肚氣出來使性摜氣磕了幾个頭也沒有茶也沒有鞋拜畢就往房里去了丫頭一會出來要雨水煨茶與太太盛一會出來叫拏炭燒着了進去與太太添着燒速香一會出來到厨下叫厨子蒸點心做湯拏進房來與太太喫兩个丫頭川流不息的在家前屋後的走叫的太太一片聲响鮑老太聽見道在我這里叫甚麼太太連奶奶也叫不的只好叫个相公娘罷了丫頭走進房去把這話對太太說了太太就氣了个發昏到第三日鮑家請了許多的戲子的老婆來做朝南京的風俗但凡新媳婦進門三天就要到厨下去收拾一樣菜發个利市這菜一定是魚取富貴有餘的意思當下鮑家買了一尾魚燒起鍋請

相公娘上鍋王太太不采坐着不動錢麻子的老婆走進房來道這使不得你而今到他家做媳婦這些規矩是要還他的太太忍氣吞聲脫了錦緞衣服繫上圍裙走到廚下把魚接在手內拏刀刮了三四刮拎着尾把望滾湯鍋里一摜錢麻子老婆正站在鍋抬傍边看他收拾魚被他這一摜便濺了一臉的熱水連一件二色金的緞衫子都弄濕了唬了一跳走過來道這是怎說忙取出一个汗巾子來揩臉王太太丟

了刀骨都着嘴往房里去了當晚堂客上席他也不曾出來坐到第四日鮑廷璽領班子出去做夜戲進房來穿衣服王太太看見他這幾日都戴的是瓦楞帽子並無紗帽心里疑惑他不像个舉人這日見他戴帽子出去問道這晚間你往那里去鮑廷璽道我做生意去說着就去了太太心裏越發疑惑他做甚麼生意又想道想是在字號店里算帳一直等到五更鼓天亮他纔回來太太問道你在字號店裡算帳為甚

麼算了這一夜鮑廷璽道甚麼字號店我是戲班子裡管班的領著戲子去做夜戲纔回來太太不聽見這一句話罷了聽了這一句話怒氣攻心大叫一聲望後便倒牙關咬緊不省人事鮑廷璽慌了忙叫兩个丫頭拏薑湯灌了半日灌醒過來大哭大喊滿地亂滾滾散頭髮一會又要扒到床頂上去大聲哭着唱起曲子來原來氣成了一个失心瘋唬的鮑老太同大姑娘都跑進來看看了這般模樣又好惱又好笑正

鬧着沈大脚手里拏着兩包點心走到房里來賀喜纔走進房太太一眼看見上前就一把揪住把他揪到馬子跟前揭開馬子抓了一把尿屎抹了他一臉一嘴沈大脚滿鼻子都塞滿了臭氣衆人來扯開了沈大脚走出堂屋里又被鮑老太指着臉罵了一頓沈大脚沒情沒趣只得討些水洗了臉悄悄的出了門回去了這里請了醫生來醫生說這是一肚子的痰正氣又虛要用人參琥珀每劑藥要五錢銀子自此以

後一連害了兩年把些衣服首飾都花費完了兩个丫頭也賣了歸姑爺同大姑娘和老太商議道他本是螟蛉之子又沒中用而今又弄了這个瘋女人來在家鬧到這个田地將來我們這房子和本錢還不够他吃人參琥珀吃光了這个如何來得不如趂此時將他趕出去離門離戶我們纔得乾凈一家一計過日子鮑老太聽信了女兒女壻的話要把他兩口子趕出去鮑廷璽慌了去求鄰居王羽秋張國重來說張

國重王羽秋走過來說道老太這使不得他是你老爹在時抱養他的況且又帮着老爹做了這些年生意如何趕得他出去老太把他怎樣不孝媳婦怎樣不賢着實數說了一遍說道我是斷斷不能要他的了他若要在這里我只好帶着女兒女壻搬出去讓他當下兩人講不過老太只得說道就是老太要趕他出去也分些本錢與他做生意叫他兩口子光光的怎樣出去過日子老太道他當日來的時候只得頭上

幾莖黃毛身上還是光光的而今我養活的他恁大又替他娶過兩回親況且他那死鬼老子也不知是累了我家多少他不能補報我罷了我還有甚麽貼他那兩人道雖如此說恩從上流還是你老人家照顧他些說來說去說的老太轉了口許給他二十兩銀子自已去住鮑廷璽接了銀子哭哭啼啼不日搬了出來在王羽秋店後借一間屋居住只得這二十兩銀子要團班子弄行頭是弄不起要想做个別的小生

意又不在行只好坐吃山空把這二十兩銀子吃的將光太太的人參琥珀藥也沒得吃了病也不大發了只是在家坐着哭泣咒駡非止一日那一日鮑廷璽街上走走回來王羽秋迎着問道你當初有个令兄在蘇州麽鮑廷璽道我老爹只得我一个兒子並沒有哥哥王羽秋道不是鮑家的是你那三牌樓倪家的鮑廷璽道倪家雖有幾个哥哥聽見說都是我老爹自小賣出去了後來一總都不知个下落都也不曾

聽見是在蘇州王羽秋道方才有个人一路找來找在隔壁鮑老太家說倪大太爺找倪六太爺的鮑老太不招應那人就問在我這裏我就想到你身上你當初在倪家可是第六鮑廷璽道我正是第六王羽秋道那人找不到又到那邊找去了他少不得還找了回來你在我店里坐了候着少頃只見那人又來找問王羽秋道這便是你六爺倪我他怎的鮑廷璽道你是那里來的是那个要找我那人在腰裏拿出一个

紅紙帖子來遞與鮑廷璽看鮑廷璽接着只見上寫道水西門鮑文卿老爹家過繼的兒子鮑廷璽本名倪廷璽乃父親倪霜降第六子是我的同胞的兄弟我叫作倪廷珠找着是我的兄弟就同他到公館里來相會要緊要緊鮑廷璽道這是了一點也不錯你是甚麽人那人道我是跟大太爺的叫作阿三鮑廷璽道大太爺在那裏阿三道大太爺現在蘇州撫院衙門里做相公每年一千兩銀子而今現在大太爺公館

裏既是六太爺就請同小的到公館裏和大太爺相會鮑廷璽喜從天降就同阿三一直走到淮清橋撫院公館前阿三道六太爺請到河底下茶館裏坐着 我去請大太爺來會一直去了鮑廷璽自己坐着坐了一會只見阿三跟了一个人進來頭戴方巾身穿醬色緞直裰脚下粉底皂靴三綹髭鬚有五十歲光景那人走進茶館阿三指道便是六太爺了鮑廷璽忙走上前那人一把拉住道你便是我六兄弟了鮑廷璽

道你便是我大哥哥兩人抱頭大哭哭了一場坐下倪廷珠道兄弟自從你過繼在鮑老爹家我在京裏全然不知道我自從二十多歲的時候就學會了這个幕道在各衙里做館在各省找尋那幾个弟兄都不會找的着五年前我同一位知縣到廣東赴任去在三牌樓找着一个舊時老鄰居問纔曉得你過繼在鮑家了父母俱已去世了說着又哭起來鮑廷璽道我而今鮑門的事倪廷珠道兄弟你且等我說完了我這

幾年虧遭際了這位姬大人賓主相得每年送我束修一千兩銀子那幾年在山東今年調在蘇州來做巡撫這是故鄉了我所以着緊來找賢弟我着賢弟時我把歷年節省的幾兩銀子拏出來弄一所房子將來把你嫂子也從京裏接到南京來和兄弟一家一計的過日子兄弟你自然是娶過弟媳的了鮑廷璽道大哥在上便悉把怎樣過繼到鮑家怎樣蒙鮑老爹恩養怎樣在向太爺衙門里招親怎樣前妻王氏死了又娶了這个女人而今怎樣怎樣被鮑老太

趕出來了都說了一遍倪廷珠道這个不妨而今弟婦現在那里鮑廷璽道現在鮑老爹隔壁一个人家借着住倪廷珠道我且和你同到家裡去看看我再作道理當下會了茶錢一同走到王羽秋店里王羽秋也見了禮鮑廷璽請他在後面王太太拜見大伯此時衣服首飾都沒有了只穿着家常打扮倪廷珠荷包裡拏出四兩銀子來送與弟婦做拜見禮王太太看見有

這一个體面大伯不覺憂愁滅了一半自巳捧茶上來鮑廷璽接着送與大哥倪廷珠吃了一杯茶說道兄弟我且暫回公館裡去我就回來和你說話你在家等着我說罷去了鮑廷璽在家和太太商議少刻大哥來我們須備个酒飯候着如今買一隻板鴨和幾斤肉再買一尾魚來托王羽秋老爹來收拾做个四樣纔好王太太說呸你這死不見識面的貨他一个撫院衙門裡住着的人他沒有見過板鴨和肉他自然

是吃了飯纔來他希罕你這樣東西吃如今快秤三錢六分銀子到果子店里裝十六个細巧圍碟子來打幾斤陳百花酒候着他纔是个道理鮑廷璽道太太說的是當下秤了銀子把酒和碟子都備齊捧了來家到晚果然一乘轎子兩个巡撫部院的燈籠阿三跟着他哥來了倪廷珠下了轎進來說道兄弟我這寓處沒有甚麽只帶的七十多兩銀子叫阿三在轎櫃里拏出來一包一包交與鮑廷璽道這个你且收着

我明日就要同姬大八往蘇州去你作速看下一所房子價銀或是二百兩三百兩都可以你同弟婦搬進去住着你就收拾到蘇州衙門裡來我和姬大八說把今年束修一千兩銀子都支了與你拏到南京來做个本錢或是買些房産過日當下鮑廷璽收了銀子留着他哥吃酒吃着說一家父母兄弟分離苦楚的話說着又哭哭着又說直吃到二更多天方纔去了鮑廷璽次日同王羽秋商議叫了房牙子來要當房

子自此家門口人都曉的倪大老爺來找兒弟現在撫院大老爺衙門裡都稱呼鮑廷璽是倪六老爺太太是不消說又過了半个月房牙子看定了一所房子在下浮橋施家巷三間門面一路四進是施御史家的施御史不在家着典與人住價銀二百二十兩成了議約付押議銀二十兩擇了日子搬進去再兌銀子搬家那日兩邊鄰居都送着盒歸姑爺也來行人情出分子鮑廷璽請了兩日酒又替太太贖了些頭面

衣服太太身子裡又有些啾啾唧唧的起來隔幾日要請个醫生要吃八分銀子的藥那幾十兩銀子漸漸要完了鮑廷璽收拾要到蘇州尋他大哥去上了蘇州船那日風不順船家還在江北走了一夜到了儀徵舡住在黃泥灘風更大過不得鮑廷璽走上岸要買个茶點心吃忽然遇見一个少年人頭戴方巾身穿玉色紬直裰腳下大紅鞋那少年把鮑廷璽上上下下看了一遍問道你不是鮑姑老爺麼鮑廷璽驚

道在下姓鮑相公尊姓大名怎樣這樣稱呼那少年道你可是安慶府向太爺衙門裡王老爹的女壻鮑廷璽道我便是相公怎的知道那少年道我便是王老爹的孫女壻你老人家可不是我的姑丈人麼鮑廷璽笑道這是怎麼說且請相公到茶館坐坐當下兩人走進茶館拏上茶來儀徵有的是肉包子裝上一盤來吃着鮑廷璽問道相公尊姓那少年道我姓季姑老爹你認不得我我在府裡考童生看見你巡場我

就認得了後來你家老爹還在我家吃過了酒這些事你難道都記不的了鮑廷璽道你原來是季老太爺府裡的季少爺你却因甚麼做了道門親季葦蕭道自從向太爺陞任去後王老爹不曾跟了去就在安慶住着後來我家岳選了典史安慶的鄉紳人家因他老人家爲人盛德所以同他來往起來我家就結了這門親鮑廷璽道這也極好你們太老爺在家好麼季葦蕭道先君見背已三年多了鮑廷璽道姑爺你

却爲甚麼在這裡季葦蕭道我因鹽運司荀大人是先君文武同年我故此來看看年伯姑老爺你却往那裡去鮑廷璽說我到蘇州去看一个親戚季葦蕭道幾時纔得回來鮑廷璽道大約也得二十多日季葦蕭道若回來無事到楊州來頑頑若到楊州只在道門口門簿上一查便知道我的下處我那時做東請姑老爹鮑廷璽道這个一定來奉候說罷彼此分別走了鮑廷璽上了船一直來到蘇州纔到閶門上岸劈

面撻着跟他哥的小厮阿三只因這一番有分教榮華富貴依然一旦成空奔走道途又得無端聚會畢竟阿三說出甚麽話來且聽下回分解

王太太進門斷無安然無事之理然畢竟從何處寫起直是難以措筆却於新婦禮節上生波乃覺近情着理不枝不蔓正鬧着忽見沈大脚來塗以一臉臭屎令聞者絕倒使拙筆爲之必無此生龍活虎之妙古人云眼前有景道不出正此謂也

太太窮了身子便覺康健病也不大發纔遇見體面太太伯得銀七十兩身子又覺得啾啾唧唧每日要喫八分銀子的藥天下婦人大約如此

老太與歸姑爺視鮑廷璽毫末不關痛癢字字寫入骨髓

倪廷珠忽然從天掉下叨叨絮絮敘說父子兄弟別離之苦至性感人沁入心肺此是極

有功世道文字以下便要丢却鲍廷玺换一
副笔墨去写二杜其线索全在季苇萧今即
於江岸上偶然遇见兔起鹘落真有成轴在
胷

儒林外史第二十八回

季葦蕭揚州入贅　蕭金鉉白下選書

話說鮑廷璽走到閶門遇見跟他哥的小廝阿三阿三前走後面跟了一个閑漢挑了一担東西是些三牲和些銀錠紙馬之類鮑廷璽道阿三倪大太爺在衙門裡麽你這些東西叫人挑了同他到那裡去阿三道六太爺來了大太爺自從南京回來進了大老爺衙門打發人上京接太太去去的人回說太太已於前月去世大

太爺着了這一急得了重病不多幾日就歸天了大太爺的靈柩現在城外厝着小的便搬在飯店裡住今日是大太爺頭七小的送這三牲紙馬到墳上燒紙去鮑廷璽聽了這話兩眼大睁着話也說不出來慌問道怎麽說大太爺死了阿三道是大太爺去世了鮑廷璽哭倒在地阿三扶了起來當下不進城了就同阿三到他哥哥厝基的所在擺下牲醴澆奠了酒焚起紙錢哭道哥哥陰魂不遠你兄弟來遲一步就不能

再見大哥一面說罷又慟哭了一場阿三勸了回來在飯店裡住下次日鮑廷璽將自已盤纏又買了一副牲醴紙錢去上了哥哥墳回來連連在飯店裡住了几天盤纏也用盡了阿三也辭了他往別處去了思量沒有主意只得把新做來的一件見撫院的紬直裰當了兩把銀子且到揚州尋尋季姑爺再處當下搭船一直來到揚州往道門口去問季葦蕭的下處門簿上寫著寓在興教寺忙找到興教寺和尚道季相

公麼他今日在五城巷引行公店隔壁尤家招親你到那里去尋鮑廷璽一直找到尤家見那家門口掛着彩子三間廠廳坐了一廠廳的客正中書案上點着兩枝通紅的蠟燭中間懸著一軸百子圖的畫兩邊帖著硃箋紙的對聯上寫道清風明月常如此才子佳人信有之季葦蕭戴著新方巾穿著銀紅紬直裰在那裡陪客見了鮑廷璽進來嚇了一跳同他作了揖請他坐下說道姑老爺纔從蘇州回來的鮑廷璽道

正是恰又遇著姑爺恭喜我來吃喜酒坐上的客問此位尊姓季葦蕭代答道這舍親姓鮑是我的賤內的姑爺是小弟的姑丈人衆人道原來是姑太爺失敬失敬鮑廷璽問各位太爺尊姓季葦蕭指著上首席坐的兩位道這位是辛東之先生這位是金寓劉先生二位是揚州大名士作詩的從古也沒有這好的又且書法絕妙天下沒有第三个說罷擺上飯來二位先生首席鮑廷璽三席還有幾个人都是尤家親戚

坐了一桌子吃過了飯那些親戚們同季葦蕭裡面料理事去了鮑廷璽坐著同那兩位先生攀談辛先生道揚州這些有錢的鹽獃子其實可惡就如河下興盛旂馮家他有十幾萬銀子他從徽州請了我出來住了半年我說你要為我的情就一總送我二三千銀子他竟一毛不拔我後來向人說馮家他這銀子該給我的他將來死的時候這十幾萬銀子一个錢也帶不去到陰司裡是个窮鬼閻王要蓋森羅寶殿這

四个字的匾少不的是請我寫至少也得送我一萬銀子我那時就把幾千與他用用也不可知何必如此計較說罷笑了余先生道這話一絲也不錯前日不多時河下方家來請我寫一副對聯共是二十二个字他叫个小厮送了八十兩銀子來謝我我叫他小厮到跟前吩咐他道你拜上你家老爺說金老爺的字是在京師王爺府裡品過價錢的小字是一兩一个大字十兩一个我這二十二个字平買平賣時價值二百二十兩銀子你若是二百一十九兩九錢也不必來取對聯那小厮回家去說了方家這畜生賣弄有錢竟坐了轎子到我下處來把二百二十兩銀子與我我把對聯遞與他他兩把把對聯扯碎了我登時大怒把這銀子打開一總都撒在街上給那些挑鹽的拾糞的去了列位你說這樣小人豈不可惡說着季葦蕭走了出來笑說道你們在這裡講鹽獃子的故事我近日聽見說揚州是六精的辛東之道是五精

罷了那里六精季葦蕭道是六精的狠我說與你聽他轎裡是坐的債精抬轎的是牛精跟轎的是屁精看門的是謊精家裡藏着的是妖精這是五精了而今時作這些鹽商頭上戴的是方巾中間定是一个水晶結子合起來是六精說罷一齊笑了捧上麵來吃四人吃着鮑廷璽問道我聽見說鹽務裡這些有錢的到麵店裡八分一碗的麵只呷一口湯就拿下去賞與轎夫吃這話可是有的麼辛先生道怎麼不是有

的金先生道他那裡當真吃不下他本是在家裡泡了一碗鍋巴吃了纔到麵店去的當下說着笑話天色晚了下來裡面吹打着引季葦蕭進了洞房衆人上席吃酒吃罷各散鮑廷璽仍舊到鈔關飯店裡住了一夜次日來賀喜看新人看罷出來坐在聽上鮑廷璽悄悄問季葦蕭道姑爺你前面的姑奶奶不曾聽見怎的你怎麼又做這件事季葦蕭指着對聯與他看道你不見才子佳人信有之我們風流人物只要才

子佳人會合一房兩房何足爲奇鮑廷璽道這也罷了你這些費用是那裡來的季葦蕭道我一到揚州荀年伯就送了我一百二十兩銀子又把我在瓜洲管關稅只怕還要在這裡過幾年所以又娶一个親姑老爺你幾時回南京去鮑廷璽道姑爺不瞞你說我在蘇州去投奔一个親戚投不着來到這裡而今並沒有盤纏回南京季葦蕭道這个容易我如今送幾錢銀子與姑老爹做盤費還要托姑老爺帶一个書子到南京去正說着只見那辛先生金先生和一个道士又有一个人一齊來吵房季葦蕭讓了進去新房裡吵了一會出來坐下辛先生指着這兩位向季葦蕭道這位道友尊姓來號霞士也是我們揚州詩人這位是蕪湖郭鐵筆先生鐫的圖書最妙今日也趁着喜事來奉訪季葦蕭問了二位的下處說道明日來答拜辛先生和金先生道這位令親鮑老爹前日聽說尊府是南京的那幾時回南京去季葦蕭道也就在

這一兩日問那兩位先生道這等我們不能同行了我們同在這个俗地方人不知道敬重將來也要到南京去說了一會話四人作別去了鮑廷璽問道姑爺你帶書子到南京與那一位朋友季葦蕭道他也是我們安慶人也姓季叫作季恬逸和我同姓不宗前日同我一路出來的我如今在這裡不得回去他是沒用的人寄个字叫他回家鮑廷璽道姑爺你這字可會寫下季葦蕭道不曾寫下我今晚寫了姑老爹明

日來取這字和盤纏後日起身去罷鮑廷璽應諾去了當晚季葦蕭寫了字封下五錢銀子等鮑廷璽次日來拏次日早晨一个人坐了轎子來拜傳進帖子上寫年家眷同學弟宗姬頓首拜季葦蕭迎了出去見那人方巾濶服古貌古心進來坐下季葦蕭動問仙鄉尊字那人道賤字穆菴敝處湖廣一向在京同謝茂秦先生館於趙王家裡因返舍走走在這裡路過聞知太名特來進謁有一个小照行樂求大筆一題將

來還要帶到南京去徧請諸名公題詠季葦蕭
道先生大名如雷灌耳小弟獻醜眞是弄斧班
門了說罷吃了茶打恭上轎而去恰好鮑廷璽
走來取了書子和盤纏謝了季葦蕭季葦蕭向
他說姑老爹到南京千萬尋到狀元境勸我那
朋友季恬逸回去南京這地方是可以餓的死
人的萬不可久住說畢送了出來鮑廷璽拏着
這幾錢銀子搭了船回到南京進了家門把這
些苦處告訴太太一徧又被太太臭罵了一頓

施御史又來催他兌房價他沒銀子兌只得把
房子退還施家這二十兩押議的銀子做了干
罰沒處存身太太只得在內橋娘家胡姓借了
一間房子搬進去住着住了幾日鮑廷璽拏着
書子尋到狀元境尋着了季恬逸季恬逸接書
看了請他吃了一壺茶說道有勞鮑老爹這些
話我都知道了鮑廷璽別過自去了這季恬逸
因缺少盤纏沒處尋寓所住每日裡拏着八个
錢買四个弔桶底作兩頓吃晚裡在刻字店一

个案板上睡覺這日見了書子知道季葦蕭不來越發慌了又没有盤纏回安慶去終日吃了餅坐在刻字店里出神那一日早上連餅也没夠吃只見外面走進一个人來頭戴方巾身穿元色直裰走了進來和他拱一拱手季恬逸拉他在板櫈上坐下那人道先生尊姓季恬逸道賤姓季那人道請問先生這裡可有選文章的名士麽季恬逸道多的狠衛體善隨岑菴馬純上蘧駪夫匡超人我都認的還有前日同我在

這里的季葦蕭這都是大名你要那一个那人道不拘那一位我小弟有二三百銀子要選一部文章煩先生替我尋一位來我同他好合選季恬逸道你先生尊姓貴處也說與我我好去尋人那人道我複姓諸葛盱眙縣人說起來人也還知道的先生竟去尋一位來便了季恬逸請他坐在那裡自己走上街來心裡想道這些人雖常來在這裡却是散在各處這一會没頭没腦往那裡去捉可惜季葦蕭又不在這裡又

想道不必管他我如今只望着水西門一路大街走過着那个就捉了來且混他些東西吃吃再處主意已定一直走到水西門口只見一个人押着一担行李進城他舉眼看時認得是安慶的蕭金鉉他喜出望外道好了上前一把拉着說道金兄你幾時來的蕭金鉉道原來是恬兄你可同葦蕭在一處季恬逸道葦蕭久已到揚州去了我如今在一个地方你來的恰好如今有一樁大生意作成你你却不可忘了我蕭

金鉉道甚麼大生意季恬逸道你不要管你只同着我走包你有幾天快活日子過蕭金鉉聽了同他一齊來到狀元境刻字店只見那姓諸葛的正在那裡探頭探腦的望季恬逸高聲道諸葛先生我替你約了一位大名士來那人走了出來迎進刻字店裡作了揖把蕭金鉉的行李寄放在刻字店內三人同到茶館裡叙禮坐下彼此各道姓名那人道小弟複姓諸葛名佑字天申蕭金鉉道小弟姓蕭名鼎字金鉉季恬

逸就把方纔諸葛天申有幾百銀子要選文章的話說了諸葛天申道這選事小弟自已也畧知一二因到大邦必要請一位大名下的先生以附驥尾今得見蕭先生如魚之得水了蕭金鉉道只恐小弟菲材不堪勝任季恬逸道兩位都不必謙彼此久仰今日一見如故諸葛先生且做个東請蕭先生吃个下馬飯把這話細細商議諸葛天申道這話有理客邊只好假館坐坐當下三人會了茶錢一同出來到三山街一

个大酒樓上蕭金鉉首席季恬逸對坐諸葛天申主位堂官上來問菜季恬逸點了一賣肘子一賣板鴨一賣醉白魚先把魚和板鴨拏來吃酒留着肘子再做三分銀子湯帶飯上來堂官送上酒來斟了吃酒季恬逸道先生這件事我們先要尋一个僻靜些的去處又要寬大些選定了文章好把刻字匠叫齊在寓處來看着他刻蕭金鉉道要僻地方只有南門外報恩寺裡好又不吵鬧房子又寬房錢又不十分貴我們

而今吃了飯竟到那里尋寓所當下吃完幾壺酒堂官拏上肘子句湯句和飯來季恬逸儘力吃了一飽下樓會賬又走到刻字店托他看了行李三人一路走出了南門那南門熱鬧轟轟真是車如游龍馬如流水三人擠了半日纔擠了出來望着報恩寺走了進去季恬逸道我們就在這門口尋下處罷蕭金鉉道不好還要再向裡面些去方纔僻靜當下又走了許多路走過老退居到一个和尚家敲門進去小和尚開了門問做什麼事說是來尋下處的小和尚引了進去當家的老和尚出來見頭戴玄色緞僧帽身穿繭紬僧衣手裡拏着數珠鋪眉蒙眼的走了出來打个問訊請諸位坐下問了姓名地方三人說要尋一个寓所和尚道小房甚多都是各位現任老爺常來做寓的三位施主請自看聽憑揀那一處三人走進裡面看了三間房子又出來同和尚坐着請教每月房錢多少和尚一口價定要三兩一月講了半天一厘也不

昔讓諸葛天申已是出二兩四了和尚只是不
點頭一會又罵小和尚不掃地明日不俘撟施
御史老爺來這裡擺酒看見成什麼模樣蕭金
鉉見他可厭向季恬逸說道下處是好只是買
東西遠些老和尚呆着臉道在小房住的客若
是買辦和厨子是一个人做就住不的了須要
厨子是一个人在厨下收拾着買辦又是一个
人伺候着買東西纔趕的來蕭金鉉笑道將來
我們在這裡住豈但買辦厨子是用兩个人還

要牽一頭秃驢與那買東西的人騎着來往更
走的快把那和尚罵的白瞪着眼三人便起身
道我們且告辭再來商議罷和尚送出來又走
了二里路到一个僧官家敲門僧官迎了出來
一臉都是笑請三位廳上坐便爍出新鮮茶來
擺上九个茶盤上好的家橙糕核桃酥奉過來
與三位吃三位講到租寓處的話僧官笑道這
个何妨聽憑三位老爺喜歡那里就請了行李
來三人請問房錢僧官說這个何必計較三位

老爺來住請也請不至隨便見惠些須香資僧人那里好爭論蕭金鉉見他出語不俗便道在老師父這里打攪每月送銀三金休嫌輕意僧官連忙應承了當下兩位就坐在僧官家季恬逸進城去發行李僧官叫道人打掃房鋪設床鋪桌椅傢伙又換了茶來陪二位談到晚行李發了來僧官告別進去了蕭金鉉叫諸葛天申先秤出二兩銀子來用封袋封了貼了簽子送與僧官僧官又出來謝過三人點起燈來打點

夜消諸葛天申稱出錢把銀子托季恬逸出去買酒菜季恬逸出去了一會帶着一个走堂的捧着四壺酒四个碟子來一碟香腸一碟鹽水蝦一碟水雞腿一碟海蜇擺在桌上諸葛天申是鄉里人認不的香腸說道這是什麼東西好像猪烏蕭金鉉道你只吃罷了不要問他諸葛天申吃着說道這就是臘肉蕭金鉉道你又來了臘肉有个皮長在一轉的這是猪肚內的小腸諸葛天申又不認的海蜇說道這迸脆的是

甚麼東西倒好吃再買些進船的來吃吃蕭季
二位又吃了一回當晚吃完了酒打點各自歇
息季恬逸沒有行李蕭金鉉勻出一條褥子來
給他在船頭蓋着睡次日清早僧官走進來說
道昨日三位老爺駕到貧僧今日備个腐飯屈
三位坐坐就在我們這寺裡各處頑頑三人說
了不當僧官邀請到那邊樓底下坐着辦出四
大盤來吃早飯吃過同三位出來閒步說道我
們就到三藏禪林裡頑頑罷當下走進三藏禪

林頭一進是極高的大殿殿上金字匾額天下
第一祖庭一直走過兩間房子又曲曲折折的
階級欄杆走上一个樓去只道是沒有地方了
僧官又把樓背後開了兩扇門叫三人進去看
那知還有一片平地在極高的所在四處都望
着內中又有參天的大木幾萬竿竹子那風吹
的到處颼颼的響中間便是唐玄奘法師的衣
鉢塔頑了一會僧官又邀到家裡晚上九个盤
子吃酒吃酒中間僧官說道貧僧到了僧官任

還不曾請客後日家裡擺酒唱戲請三位老爺看戲不要出分子三位道我們一定奉賀當夜吃完了酒到第三日僧官家請的客從應天府尹的衙門人到縣衙門的人約有五六十客還未到廚子看茶的老早的來了戲子也發了箱來了僧官正在三人房裡閑談忽見道人走來說郎公那人又來了只因這一番有分教平地風波天女下維摩之室空堂宴集雞羣來皎鶴之翔不知後事如何且聽下回分解

八分一碗的麵指呷一口湯便拿與轎夫吃其實家裡只呷得一碗鍋巴湯形容商獃子可謂無微不照揚州樂府云東風二月吹黃埃多子街上飛轎來後云道旁一老翁嘖嘖誇而翁而翁當日好肩背東門擔水西門賣亦是此意

寫惡禿可惡真令人髮指罵小和尚明是自擡身價說買辦郝又飲落三人後又寫一圓融之僧官以襯託之筆情栩栩欲活

儒林外史第二十九回

諸葛佑僧寮遇友　杜慎卿江郡納姬

話說僧官正在蕭金鉉三人房裏閑坐道人慌忙來報那個人又來了僧官就別了三位同道人出去問道人可又是龍三那奴才道人道怎麽不是他這一回來的把戲更出奇老爺你自去看僧官走到樓底下看茶的正在門口搧着爐子僧官走進去只見椅子上坐着一個人一副烏黑的臉兩隻黃眼睛珠一嘴鬍子頭戴一

頂紙剪的鳳冠身穿藍布女褂白布单裙脚底下大脚花鞋坐在那裏兩個轎夫站在天井裏要錢那人見了僧官笑容可掬說道老爺你今日喜事我所以絕早就來替你當家你且把轎錢替我打發去着僧官愁着眉道龍老三你又來做甚麽這是個甚麽樣子慌忙把轎錢打發了去又道龍老三你還不把那些衣服脫了人看着怪模怪樣龍三道老爺你好沒良心你做官到任除了不打金鳳冠與我戴不做大紅補

服與我穿我做太太的人自已戴了一個紙鳳冠不怕人笑也罷了你還叫我去掉了是怎的僧官道龍老三頑是頑笑是笑雖則我今日不曾請你你要上門怪我也只該好好走來爲甚麼粧這個樣子龍三道老爺你又說錯了夫妻無隔宿之仇我怪你怎的僧官道我如今自已認不是罷了是我不曾請你得罪了你你好好脫了這些衣服坐着喫酒不要粧瘋做癡惹人家笑話龍三道這果然是我不是我做太太的

人只該坐在房裏替你裝圍碟剝果子當家料理那有個坐在廳上的惹的人說你家没內外說着就往房裏走僧官拉不住竟走到房裏去了僧官跟到房裏說道龍老三這喇夥的事而今行不得惹得上面官府知道了大家都不便龍三道老爺你放心自古道清官難斷家務事僧官急得亂跳他在房裏坐的安安穩穩的吩咐小和尚叫茶上拿茶來與太太吃僧官急得走進走出恰走出房門遇着蕭金鉉三位走來

僧官攔不住三人走進房季恬逸道噫那裏來的這位太太那太太站起來說道三位老爺請坐僧官急得話都說不出來三個人忍不住的笑道人飛跑進來說道府裏尤太爺到了僧官只得出去陪客那姓尤姓郭的兩個書辦進來作揖坐下吃茶聽見隔壁房裏有人說話就要走進去僧官又攔不住二人走進房見了這個人嚇了一跳道這是怎的止不住就要笑當下四五個人一齊笑起來僧官急得沒法說道諸

位太爺他是個喇子他屢次來騙我尤書辦笑道他姓甚麽僧官道他叫作龍老三郭書辦道龍老三今日是僧官老爺的喜事你怎麽到這裡胡鬧快些把這衣服都脫了到別處去龍三道太爺這是我們私情事不要你管尤書辦道這又胡說了你不過是想騙他也不是這個騙法蕭金鉉道我們大家拿出幾錢銀子來捨了這畜生去罷免得在這裏鬧的不成模樣那龍三那裏肯去大家正講着道人又走進來說道

司裏董太爺同一位金太爺已經進來了說着董書辦同金東崖走進房來東崖認得龍三一見就問道你是龍三你這狗頭在京裏拐了我幾十兩銀子走了怎麽今日又在這裏粧這個模樣分明是騙人其實可惡叫跟的小子把他的鳳冠抓掉了衣服扯掉了趕了出去龍三見是金東崖方纔慌了自已去了鳳冠脫了衣服說道小的在這裏伺候金東崖道那個要你伺候你不過是騙這裏老爺改日我勸他賞你些

銀子作個小本錢倒可以你若是這樣胡鬧我即刻送到縣裏處你龍三見了這一番纔不敢鬧謝了金東崖出去了僧官纔把衆位拉到樓底下從新作揖奉坐向金東崖謝了又謝看茶的捧上茶來喫了郭書辦道金太爺一向在府上幾時到江南來的金東崖道我因近來陪累的事不成話說所以決意反舍到家小兒僥倖進了一個學不想反惹上一場是非雖然真的假不得却也丟了幾兩銀子在家無聊因運司

荀老先生是京師舊交特到楊州來望他一望
承他情薦在匣上送了幾百兩銀子蕭書辦道
金太爺你可知道荀大人的事金東崖道不知
道荀大人怎的蕭書辦道荀大人因貪贓拏問
了就是這三四日的事金東崖道原來如此可
見旦夕禍福郭書辦道尊寓而今在那裏蕭書
辦道太爺已是買了房子在利涉橋河房家人
道改日再來拜訪金東崖又問了三位先生姓
名三位俱各說了金東崖道都是名下先生小

弟也注有些經書容日請教當下陸陸續續到
了幾十位客落後來了三個戴方巾的和一箇
道士走了進來衆人都不認得內中一個戴方
巾的道那位是季恬逸先生季恬逸道小弟便
是先生有何事見教那人袖子裡拿出一封書
子來說道季葦兄多致意季恬逸接着折開同
蕭金鉉諸葛天申看了纔曉得是辛東之金寓
劉郭鐵筆來霞士便道請坐四人見這裏有事
就要告辭僧官拉着他道四位遠來請也請不

王便桌坐坐斷然不放了去四人只得坐下金
東崖就問起荀大人的事來可是真的郭鐵筆
道是我們下船那日拿問的當下唱戲吃酒吃
到天色將晚辛東之同金寓劉趕進城在東花
園庵裏歇去這坐客都散了郭鐵筆同來道士
在諸葛天申下處住了一夜次日來道士到神
樂觀尋他的師兄去了郭鐵筆在報恩寺門口
租了一間房開圖書店季恬逸這三個人在寺
門口聚昇樓起了一個經摺每日賒米買菜和

酒吃一日要吃四五錢銀子文章已經選定叫
了七八個刻字匠來刻又賒了百十桶紙來准
備刷印到四五個月後諸葛天申那二百兩多
銀子所剩也有限了每日仍舊在店裏賒着吃
那日季恬逸和蕭金鉉在寺裏閑走季恬逸道
諸葛先生的錢也有限了到欠下這些債將來
這個書不知行與不行這事怎處蕭金鉉道這
原是他情願的事又沒有那個強他他用完了
銀子他自然家去再討管他怎的正說着諸葛

天申也走來了兩人不言語了三個同步了一會一齊回寓卻迎着一乘轎子兩擔行李三個人跟着進寺裏來那轎揭開簾子轎裏坐着一個帶方巾的少年諸葛天申依稀有些認得那轎來的快如飛的就過去了諸葛天申道這轎子裏的人我有些認得他因趕上幾步扯着他跟的人問道你們是那裏來的那人道是天長杜十七老爺諸葛天申回來同兩人睃着那轎和行李一直進到老退居隔壁那和尚家去了

諸葛天申向兩人道方纔這進去的是天長杜宗伯的令孫我認得他是我們那邊的名士不知他來做甚麼我明日去會他次日諸葛天申去拜那裏回不在家一直到三日纔見那杜公孫來回拜三人迎了出去那正是春暮夏初天氣漸暖杜公孫穿着是鶯背色的夾紗直綴手搖詩扇腳踏絲履走了進來三人近前一看面如傅粉眼若點漆溫恭而雅飄然有神仙之概這人是有子建之才潘安之貌江南數一數二

的才子進來與三人相見作揖讓坐杜公孫問了兩位的姓名籍貫自巳又說道小弟賤名倩賤字愼卿說過又向諸葛天申道天申兄還是去年考較時相會又早半載有餘了諸葛天申向二位道去歲申學臺在敝府合考二十七州縣詩賦是杜十七先生的首卷杜申卿笑道這是一時應酬之作何足掛齒况且那日小弟小恙進塲以藥物自隨草草塞責而巳蕭金鉉道先生尊府江南王謝風流各郡無不欽仰先生

大才又是尊府白眉今日幸會一切要求指教杜愼卿道各位先生一時名宿小弟正要請教何得如此倒說當下坐着吃了一杯茶一同進到房裏見滿桌堆着都是選的刻本文章紅筆對的樣花藜胡哨的杜愼卿看了放在一邊忽然翻出一首詩來便是蕭金鉉前日在烏龍潭春遊之作杜愼卿看了㸃一㸃頭道詩句是清新的便問道這是蕭先生大筆蕭金鉉道是小弟拙作要求先生直教杜愼卿道如不見怪小

弟也有一句怍謷之言詩以氣體爲主如尊作這兩句桃花何苦紅如此楊柳忽然青可憐豈非加意做出來的但上一句詩只要添一個字問桃花何苦紅如此便是賀新凉中間一句好詞如今先生把他做了詩下面又强對了一句便覺索然了幾句話把蕭金鉉說的透身氷冷季恬逸道先生如此談詩若與我家葦蕭相見一定相合杜慎卿道葦蕭是同宗麼我也曾見過他的詩才情是有些的坐了一會杜慎卿辭別

了去次日杜慎卿寫個說帖來道小寓牡丹盛開薄治杯茗屈三兄到寓一談三人忙換了衣裳到那裏去只見寓處先坐着一個人三人進來同那人作揖讓坐杜慎卿道這位鮑朋友是我們自己人他不僭諸位先生的坐季恬逸方才想起是前日帶信來的鮑老爹因向二位先生道這位老爹就是葦蕭的姑岳因問老爹在這裏爲甚麼鮑廷璽大笑道季相公你原來不曉得我是杜府太老爺累代的門下我父子兩

個受太老爺多少恩惠如今十七老爺到了我們敢不來問安杜慎卿道不必說這閒話且叫人拿上酒來當下鮑廷璽同小子抬桌子杜慎卿道我今日把這些俗品都捐了只是江南時魚櫻筍下酒之物與先生們揮麈清談當下擺上來果然是清清疏疏的幾個盤子買的是永寧坊上好的橘酒斟上酒來杜慎卿極大的酒量不甚吃菜當下舉筯讓衆人吃菜他只揀了幾片筍和幾個櫻桃下酒傳杯換盞吃到午後

杜慎卿叫取點心來便是猪油餃餌鴨子肉包的燒賣鵝油酥軟香糕每樣一盤拿上來衆人吃了又是雨水煨的六安毛尖茶每人一碗杜慎卿自己只吃了一片軟香糕和一碗茶便叫收下去了再斟上酒來蕭金鉉道金日對名花聚良朋不可無詩我們卽席分韻何如杜慎卿笑道先生這是而今詩社裏的故套小弟看來覺得雅的這樣俗還是清談爲妙說着把眼看了鮑廷璽一眼鮑廷璽笑道還是門下效勞便

走進房去拿出一隻笛子來去了錦套坐在席上嗚嗚咽咽將笛子吹着一個小小子走到鮑廷璽身邊站着拍着手唱李大白清平調真乃穿雲裂石之聲引商刻羽之奏三人停杯細聽杜慎卿又自飲了幾杯吃到月上時分照耀得牧丹花色越發精神又有一樹大繡毬好像一堆白雪三個人不覺的手舞足蹈起來杜慎卿也頹然醉了只見老和尚慢慢走進來手裏拿着一個錦盒子打開來裏面拿出一串祁門小炮煒口裏說道貧僧來替老爺醒酒就在席上點着熚熚烞烞响起來杜慎卿坐在椅子上大笑和尚去了那硝黃的烟氣還繚繞酒席左右三人也醉了站起來把腳不住告辭要去杜慎卿笑道小弟醉了恕不能奉送鮑師父你替我送三位老爺出去你回來在我這裏住鮑廷璽拿着燭臺送了三位出來關門進去三人回到下處恍惚如在夢中次日賣紙的客人來要錢這裏沒有吵鬧了一回隨即就是聚昇樓來討

酒賬諸葛天申稱了兩把銀子給他收着再算三人商議要回杜愼卿的席算計寓處不能偹辦只得拉到他聚昇樓坐坐又過了一兩日天氣甚好三人在寓處吃了早點心走到杜愼卿那裏去走進門只見一個大脚婆娘同他家一個大小子坐在一個板櫈上說話那小子見是三位倶站起來季恬逸拉着他問道這是甚麽人那小子道做媒的沈大脚季恬逸道他來做甚麽那小子道有些别的事三人心裏就明白

想是要他娶小就不再問走進去只見杜愼卿正在廊下閑步見三人來請進坐下小小子拿茶來喫了諸葛天申道今日天氣甚好我們來約先生寺外頑頑杜愼卿帶着這小小子同三人步出來被他三人拉到聚昇樓酒舘裏杜愼卿不能推辭只得坐下季恬逸見他不吃大晕點了一賣板鴨一賣魚一賣猪肚一賣雜膾拿上酒來吃了兩杯酒衆人奉他吃菜杜愼卿勉強吃了一塊板鴨登時就嘔吐起來衆人不好

意思因天氣尚早不大用酒搬上飯來杜慎卿拿茶來泡了一碗飯吃了一會還吃不完遞與那小小子拿下去吃了當下三人把那酒和飯都吃完了下樓會賬蕭金鉉道慎卿兄我們還到雨花臺崗兒上走走杜慎卿道這最有趣一同步上崗子在各廟宇裏見方景諸公的祠甚是巍峩又走到山頂上望着城內萬家烟火那長江如一條白練琉璃塔金碧輝煌照人眼目杜慎卿到了亭子跟前太陽地裏看見自己的

影子徘徊了大半日大家藉草就坐在地下諸葛天申見遠遠的一座小碑跑去看看了回來坐下說道那碑上刻的是夷十族處杜慎卿道列位先生這夷十族的話是沒有的漢法最重夷三族是父黨母黨妻黨這方正學所說的九族乃是高曾祖考子孫曾元只是一族母黨妻黨還不曾及那裏誅的到門生上況且永樂皇帝也不如此慘毒本朝若不是永樂振作一番信着建文軟弱久已弄成個齊梁世界了蕭金

鉉道先生據你說方先生何如杜愼卿道方先生迂而無當天下多少大事講那舉門雉門怎麼這人朝服斬于市不爲冤枉的坐了半日日色已經西斜只見兩個挑糞桶的挑了兩担空桶歇在山上這一個拍那一個肩頭道兄弟今日的貨已經賣完了我和你到永寧泉吃一壺水回來再到雨花臺看看落照杜愼卿笑道眞乃菜傭酒保都有六朝烟水氣一點也不差當下下了崗子回來進了寺門諸葛天申道且到

我們下處坐坐杜愼卿道也好一同來到下處纔進了門只見季葦蕭坐在裏面季恬逸一見了歡喜道葦兄你來了季葦蕭道恬逸兄我在刻字店裏找問知道你搬在這裏便問此三位先生尊姓季恬逸道此位是盱眙諸葛天申先生此位就是我們同鄉蕭金鉉先生你難道不認得季葦蕭道先生是住在北門的蕭金鉉道正是季葦蕭道此位先生季恬逸道這位先生說出來你更歡喜哩他是天長杜宗伯公公孫

杜十七先生諱倩字慎卿的你可知道他麽季葦蕭驚道就是去歲宗師考取貴府二十七州縣的詩賦首卷杜先生小弟渴想久了今日才得見面倒身拜下去杜慎卿陪他磕了頭起來衆位多見過了禮正待坐下這聽得一個人笑着麽喝了進來說道各位老爺今日吃酒過夜季葦蕭舉眼一看原來就是他姑丈人忙問道姑老爺你怎麽也來在這裏鮑廷璽道這是我家十七老爺我是他門下人怎麽不來姑爺你

原來也是好相與蕭金鉉道真是眼前一笑皆知已不是區區陌路人一齊坐下季葦蕭道小弟雖年少浪遊江湖閱人多矣從不曾見先生珠輝玉映真乃天上仙班今對着先生小弟亦是神仙中人了杜慎卿道小弟得會先生也如成連先生刺船海上令我移情只因這一番有分教風流高會江南又見奇踪卓犖英姿海內都傳雅韻不知後事如何且聽下回分解

以小杜之風流形三人之齷齪酒樓再會慎

之自命何如乃季恬逸開口猶云杜宗伯公

公孫其心口中衹有此二字也愼卿連日對

此等人可謂不得意之極得季葦蕭數語不

禁爲之色飛

寫雨花臺正是寫杜愼卿爾許風光必不從

腐頭巾胸流出

愼卿生平一段僻性已從方正學一段議論

中露出圭角

儒林外史第三十回

愛少俊訪友神樂觀　逞風流高會莫愁湖

話說杜愼卿同季葦蕭相交起來極其投合當晚季葦蕭因在城裏承恩寺作寓看天黑趕進城去了鮑廷璽跟着杜愼卿同寓杜愼卿買酒與他吃就問他道季葦兒爲人何如鮑廷璽悉把他小時在向太爺手裏考案首後來就娶了向太爺家王總管的孫女便是小的內姪女兒今年又是鹽運司荀大老爺照顧了他幾百銀

子他又在揚州尤家招了女婿從頭至尾說了一徧杜愼卿聽了笑了一笑記在肚裏就留他在寓處歇夜裏又告訴向太爺待他家這一番恩情杜愼卿不勝嘆息又說到他娶了王太太的這些疙瘩事杜愼卿大笑了一番歇過了一夜次蚤季葦蕭同着王府裏那一位宗先生來拜進來作揖坐下宗先生說起在京師趙王府裏同王李七子唱和杜愼卿道鳳洲于鱗都是敝世叔又說到宗子相杜愼卿道宗考功便是

先君的同年那宗先生便說同宗考功是一家還是弟兄輩杜慎卿不答應小厮捧出茶來吃了宗先生別了去留季葦蕭在寓處談談杜慎卿道葦兄小弟最厭的人開口就是紗帽方纔這一位宗先生說到敝年伯他便說同他是弟兄這怕而今敝年伯也不要這一個潦倒的兄弟說着就捧上飯來正待吃飯小厮來禀道沈媒婆在外回老爺話慎卿道你叫他進來何妨小厮出去領了沈大脚進來杜慎卿叫端一張

櫈子與他在底下坐着沈大脚問這位老爺杜慎卿道這是安慶季老爺因問道我托你的怎樣了沈大脚道正是十七老爺把這件事託了我我把一個南京城走了大半個因老爺人物生得太齊整了料想那將就些的姑娘配不上不敢來說如今虧我留神打聽打聽得這位姑娘在花牌樓住家裏開着機房姓王姑娘十二分的人才還多着半分今年十七歲不要說姑娘縹致這姑娘有個兄弟小他一歲若是粧扮

起來淮清橋有十班的小旦也沒有一個賽的過他也會唱支把曲子也會串個戲這姑娘再沒有說的就請老爺去看杜愼卿道旣然如此也罷你叫他收拾我明日去看沈大腳應諾去了季葦蕭道恭喜納寵杜愼卿愁着眉道先生這也爲嗣續大計無可奈何不然我做這樣事怎的季葦蕭道才子佳人正宜及時行樂先生怎反如此說杜愼卿道葦兄這話可謂不知我了我太祖高皇帝云我若不是婦人生天下婦

人都殺盡婦人那有一個好的小弟性情是和婦人隔着三間屋就聞見他的臭氣季葦蕭又要問只見小厮手裏拿着一個帖子走了進來說道外面有個姓郭的蕪湖人來拜杜愼卿道我那裏認得這個姓郭的季葦蕭接過帖子來看了道這就是寺門口圖書店的郭鐵筆想他是刻了兩方圖書來拜先生叫他進來坐坐杜愼卿叫大小厮請他進來郭鐵筆走進來作揖道了許多仰慕的話說道尊府是一門三鼎甲

四代六尚書門生故吏天下都散滿了督撫司道在外頭做不計其數管家們出去做的是九品雜職官季先生我們自小聽見說的天長杜府老太太生這位太老爺是天下第一個才子轉眼就是一個狀元說罷袖子裏拿出一個錦盒子裏面盛着兩方圖書上寫着台印雙手遞將過來杜愼卿接了又說了些閒話起身送了出去杜愼卿回來向季葦蕭道他一見我偏生有這些惡談却虧他訪得的確季葦蕭道尊府

之事何人不知當下收拾酒留季葦蕭坐擺上酒來兩人談心季葦蕭道先生生平有山水之好麼杜愼卿道小道無濟勝之具就登山臨水也是勉强季葦蕭道絲竹之好有的杜愼卿道偶一聽之可也聽久了也覺嘈嘈雜雜聒耳得緊又吃了幾杯酒杜愼卿微醉上來不覺長嘆了一口氣道葦兄自古及今人都打不破的是個情字季葦蕭道人情無過男女方纔吾兄說非是所好杜愼卿笑道長兄難道人情只有男

女麽朋友之情更勝于男女你不看别的只有鄂君綉被的故事據小弟看來千古只有一個漢哀帝要禪天下與董賢這個獨得情之正便堯舜揖讓也不過如此可惜無人能解季葦蕭道是了吾兄生平可曾遇着一個知心情人麽杜慎卿道假使天下有這樣一個人又與我同生同死小弟也不得這樣多愁善病只爲緣慳分淺遇不着一個知已所以對月傷懷臨風灑淚季葦蕭道要這一個還當梨園中求之杜慎

卿道葦兄你這話更外行了比如要在梨園中求便是愛女色的要于青樓中求一個情種豈不大錯這事要相遇于心腹之間相感于形骸之外方是天下第一等人又拍膝嗟嘆道天下終無此一人老天就肯辜負我杜慎卿萬斛愁腸一身俠骨說着掉下淚來季葦蕭暗道他已經着了魔了待我且耍他一耍因說道先生你也不要說天下沒有這個人小弟曾遇見一個少年不是梨園也不是我輩是一個黃冠這人

生得飄逸風流確又是個男美不是像個婦人我最惱人稱贊美男子動不動說像個女人這最可笑如果要像女人不如去看女人了天下原另有一種男美只是人不知道杜慎卿拍着案道只一句話該圈了你且說這人怎的季葦蕭道他如此妙品有多少人想物色他的他卻輕易不肯同人一笑卻又愛才的緊小弟因多了幾歲年紀在他面前自覺形穢所以不敢痴心想着相與他長兄你會會這個人看是如何

杜慎卿道你幾時去同他來季葦蕭道我若叫得他來又不作爲奇了須是長兄自已去訪着他杜慎卿道他住在那裏季葦蕭道他在神樂觀杜慎卿道他姓甚麽季葦蕭道姓名此時還說不得若泄漏了幾關傳的他知道躲開了你還是會不着如今我把他的姓名寫了包在一個紙包子裏外面封好交與你你到了神樂觀門口纔許折開來看看過就進去找一找就找着的杜慎卿笑道這也罷了當下季葦蕭走進

房裏把房門關上了寫了半日封得結結實實封面上草個勅令二字拿出來遞與他說道我且別過罷俟明日會遇了妙人我再來賀你說罷去了杜慎卿送了回來向大小厮道你明日早去回一聲沈大脚明日不得閒到花牌樓去看那家女兒要到後日纔去明早叫轎夫我要到神樂觀去看朋友吩咐已畢當晚無事次早起來洗臉擦肥皂換了一套新衣服偏身多薰了香將季葦蕭寫的紙包子放在袖裏坐轎子

一直來到神樂觀將轎子落在門口自己步進山門袖裏取去紙包來折開一看上寫到至北廊盡頭一家桂花道院問揚州新來道友來霞士便是杜慎卿叫轎夫伺候着自己曲曲折折走到裏面聽得裏面一派鼓樂之聲就在前面一個斗姆閣那閣門大開裏面三間敞廳中間坐着一個看陵的太監穿着蟒袍左邊一路板櫈上坐着十幾人唱生旦的戲子右邊一路板櫈上坐着七八個少年的小道士正在那裏吹

唱取樂杜慎卿心裏疑惑莫不是來霞士也在這裏面因把小道士一個個的都看過來不見一個出色的又回頭來看看這些戲子也平常又自心裏想道來霞士他旣是自己愛惜他斷不肯同了這般人在此我還到桂花院裏去問來到桂花道院敲開了門道人請在樓下坐著杜慎卿道我是來拜揚州新到來老爺的道人道來爺在樓上老爺請坐我去請他下來道人去了一會只見樓上走下一個肥胖的道士來

頭戴道冠身穿沉香色直裰一副油晃晃的黑臉兩道重眉一個大鼻子滿腮鬍鬚約有五十多歲的光景那道士下來作揖奉坐請問老爺尊姓貴處杜慎卿道敝處天長賤姓杜那道士道我們桃源旂領的天長杜府的本錢就是老爺尊府杜慎卿道便是道士滿臉堆下笑來連忙足恭道小道不知老爺到省就該先來拜謁如何反勞老爺降臨忙叫道人快煨新鮮茶來捧出菓碟來杜慎卿心裏想這自然是來霞上

的師父因問道有位來霞士是令徒令孫那道士道小道就是來霞士杜慎卿吃了一驚說道哦你就是來霞士自已心裏忍不住拿衣袖掩着口笑道士不知道甚麽意思擺上菓碟來殷勤奉茶又在袖裏摸出一卷詩來請教慎卿沒奈何只得勉強看了一看吃了兩杯茶起身辭别道士定要拉着手送出大門問明了老爺下處在報恩寺小道明日要到尊寓着實盤桓幾日送到門外看着上了轎子方纔進去了杜慎

卿上了轎一路忍笑不住心裏想季葦蕭這狗頭如此胡說回到下處只見下處小厮說有幾位客在裏面杜慎卿走進去却是蕭金鉉同辛東之金寓劉金東崖來拜辛東之送了一幅大字金寓劉送了一副對子金東崖把自已纂的四書講章送來請教作揖坐下各人敘了來歷吃過茶告别去了杜慎卿鼻子裏冷笑了一聲向大小厮說道一個打書辦的人都跑了回來講究四書聖賢可是這樣人講的正說着宗老

爺家一個小厮拿着一封書子送一幅行樂圖來求題杜愼卿只覺得可厭也只得收下寫回書打發那小厮去了次日便去看定了妾下了插定擇三日內過門便忙着搬河房裏娶妾去了次日季葦蕭來賀杜愼卿出來會他說道昨晚如夫人進門小弟不曾來鬧房今日賀遲有罪杜愼卿道昨晚我也不曾俻席不曾奉請季葦蕭笑道前日你得見妙人麽杜愼卿道你這狗頭該記着一頓肥打但是你的事還做得不

俗所以饒你季葦蕭道怎的該打我原說是美男原不是像個女人你難道看的不是杜愼卿道這就真正打了正笑着只見來道士同鮑廷璽一齊走進來賀喜兩人越發忍不住笑杜愼卿揺手叫季葦蕭不要笑了四人作揖坐下杜愼卿留着吃飯吃過了飯杜愼卿說起那日在神樂觀看見斗姆閣一個太監左邊坐着戲子右邊坐着道士在那裏吹唱作樂季葦蕭道這様快活的事偏與這樣人受用好不可恨杜愼

卿道葦蕭兄我倒要做一件希奇的事和你商議季葦蕭道甚麼希奇事杜愼卿問鮑廷璽道你這門上和轎上共有多少戲班子鮑廷璽道一百三十多班杜愼卿道我心裏想做一個勝會擇一個日子撿一個極大的地方把這一百幾十班做旦腳的都叫了來一個人做一齣戲我和葦兄在傍邊看着記親了他們身段模樣做個暗號過幾日評他個高下出一個榜把那色藝雙絕的取在前列貼在通衢但這些人不

好白傳他每人酬他五錢銀子荷包一對詩扇一把這頑法好麽季葦蕭跳起來道有這樣妙事何不早說可不要把我樂死了鮑廷璽笑道這些人讓門下去傳他每人又得五錢銀子將來老爺們替他取了出來寫在榜上他又出了名門下不好說那取在前面的就是相與大老官也多相與出幾個錢來他們聽見這話那一個不滾來做戲來道士拍着手道妙妙道士也好見個識面不知老爺們那日可許道士來看

杜慎卿道怎麼不許但凡朋友相知都要請了到席季葦蕭道我們而今先商議是個甚麼地方鮑廷璽道門下在水西門住水西門外最熟門下去借莫愁湖的湖亭那裏又寬厰又凉快葦蕭道這些人是鮑姑老爺去傳不消說了我們也要出一個知单定在甚日子道士道而今是四月二十頭鮑老爹去傳幾日及到傳齊了也得十來天功夫竟是五月初三罷杜慎卿道葦兄取過一個紅全帖來我念着你寫季葦蕭

取過帖來拿筆在手慎卿念道安慶季葦蕭天長杜慎卿擇于五月初三日莫愁湖湖亭大會通省梨園子弟各班願與者書名畫知届期齊集湖亭各演雜劇每位代轎馬五星荷包詩扇汗巾三件如果色藝雙絕另有表禮獎賞風雨無阻特此預傳寫畢交與鮑廷璽收了又叫小厮到店裏取了百十把扇子來季葦蕭杜慎卿來道士每人分了幾十把去寫便商量請這些客季葦蕭拿一張紅紙鋪在面前開道宗先生

辛先生金東崖先生金寓劉先生蕭金鉉先生
諸葛先生季先生郭鐵筆僧官老爺來道士老
爺鮑老爺連兩位主人共十三位就用道兩位
名字寫起十一副帖子來料理了半日只見
娘子的兄弟王留歌帶了一個人挑着一擔東
西兩隻鴨兩隻雞一隻鵝一方肉八色點心一
瓶酒來看姐姐杜慎卿道來的正好他同杜慎
卿見禮杜慎卿拉住了細看他時果然標致他
姐姐着實不如他叫他進去見了姐姐就出來

坐吩咐把方纔送來的雞鴨收拾出來吃酒他
見過姐姐出來坐着杜慎卿就把湖亭做會的
話告訴了他留歌道有趣那口我也串一齣季
葦蕭道豈但今日就要請教一隻曲子我們
聽聽王留歌笑了一笑到晚捧上酒來吃了一
會鮑廷璽吹笛子來道士打板王留歌唱了一
隻碧雲天長亭餞别音韻悠揚足唱了三頓飯
時候纔完衆人吃得大醉然後散了到初三那
日發了兩班戲箱在莫愁湖季杜二位主人先

到衆客也漸漸的來了鮑廷璽領了六七十個唱旦的戲子都是旦上畫了知字的來叩見杜少爺杜慎卿叫他們先吃了飯都裝扮起來一個個都在亭子前走過細看一番然後登場做戲衆戲子應諾去了諸名士看這湖亭時軒窻四起一轉都是湖水圍繞微微有熱薰風吹得波紋如縠亭子外一條板橋戲子裝扮了進來都從這橋上過杜慎卿叫掩上了中門讓戲子走過橋來一路從回廊內轉去進東邊的格子

一直從亭子中間走出西邊的格子去好細細看他們裊娜形容當下戲子吃了飯一個個裝扮起來都是簇新的包頭極新鮮的褶子一個個過了橋來打從亭子中間走去杜慎卿同季葦蕭二人手內暗藏紙筆做了記認少刻擺上酒席打動鑼鼓一個人上來做一齣戲也有做請宴的也有做窺醉的也有做借茶的也有做刺虎的紛紛不一後來王留歌做了一齣思凡到晚上點起幾百盞明角燈來高高下下照耀

如同白日歌聲縹緲直入雲霄城裏那些做衙門的開行的開字號店的有錢的人聽見莫愁湖大會都來僱了湖中打魚的舡搭了凉篷掛了燈都撐到湖中左右來看看到高興的時候一個個齊聲喝采直鬧到天明纔散那時城門已開各自進城去了過了一日水西門口掛出一張榜來上寫第一名芳林班小旦鄭魁官第二名靈和班小旦葛來官第三名王留歌其餘共合六十多人都取在上面鮑廷璽拉了鄭魁

官到杜慎卿寓處來見當面叩謝杜慎卿又稱了二兩金子託鮑廷璽到銀匠店裏打造一隻金杯上刻豔奪櫻桃四個字特爲獎賞鄭魁官別的都把荷包銀子汗巾詩扇領了去那些小旦取在十名前的他相與的大老官來看了榜都忻忻得意也有拉了家去吃酒的也有買了酒在酒店裏吃酒慶賀的這個吃了酒那個又來吃足吃了三四天的賀酒自此傳遍了水西門鬧動了淮清橋這位杜十七老爺名震江南

只因這一番有分教風流才子之外更有奇人花酒陶情之餘復多韵事不知後事如何且聽下回分解

使男子後庭生人天下可無婦人愼卿當道此二句引用洪武語不倫

前寫蕭金鉉三人此又接寫宗子相郭鐵筆生不願見貴人今不幸見女世所謂不得人意者此類是也想見愼卿胸中作惡之甚

明季花案是一部板橋雜記湖亭大會又是

一部燕蘭小譜

儒林外史第三十一回

天長縣同訪豪傑　賜書樓大醉高朋

話說杜慎卿做了這個大會鮑廷璽看見他用了許多的銀子心裏驚了一驚暗想他這人慷慨我何不取個便問他借幾百兩銀子仍舊團起一個班子來做生意過日子主意已定每日在河房裏効勞杜慎卿着實不過意他那日晚間談到密處夜已深了小厮們多不在眼前杜慎卿問道鮑師父你畢竟家裏日子怎麽樣過還該尋個生意纔好鮑廷璽見他問到這一句話就雙膝跪在地下杜慎卿就嚇了一跳扶他起來說道這是怎的鮑廷璽道我在老爺門下蒙老爺問到這一句話真乃天高地厚之恩但門下原是教班子弄行頭出身除了這事不會做第二樣如今老爺照看門下除非懇恩借出幾百兩銀子仍舊與門下做這戲行門下尋了錢少不得報效老爺杜慎卿道這也容易你請坐下我同你商議這教班子弄行頭不是數

百金做得來的至少也得千金這裏也無外人我不瞞你說我家雖有幾千現銀子我却收着不敢動爲甚麼不敢動我就在這一兩年內要中中了那里沒有使喚處我却要留着做這一件事而今你這弄班子的話我轉說出一個人來與你也只當是我帮你一般你却不可說是我說的鮑廷璽道除了老爺那裏還有這一個人杜愼卿道莫慌你聽我說我家共是七大房這做禮部尚書的太老爺是我五房的七房的

太老爺是中過狀元的後來一位大老爺做江西贛州府知府這是我的伯父贛州府的兒子是我第二十五個兄弟他名叫做儀號叫做少卿只小得我兩歲也是一個秀才我那伯父是個親官家裏還是祖宗去下的些田地伯父去世之後他不上一萬銀子家私他是個獃子自已就像十幾萬的紋銀九七他都認不得又最好做大老官聽見人向他說些苦他就大捧出來給人家用而今你在這裏帮我些時到秋涼

些我送你些盤纏投奔他去包你這千把銀子手到拿來鮑廷璽道到那時候求老爺寫個書子與門下去杜慎卿道不相干這書斷然寫不得他做大老官是要獨做自照顧人並不要人帮着照顧我若寫了書子他說我已經照顧了你他就賭氣不照顧你了如今去先投奔一个人鮑廷璽道却又投那一个杜慎卿道他家當初有個奶公老管家姓邵的這人你也該認得鮑廷璽想起來道是那年門下父親在日他家接過我的戲去與老太太做生日贛州府太老爺門下也曾見過杜慎卿道這就是得狠了如今這邵奶公已死他家有個管家王鬍子是個壞不過的奴才他偏生聽信他我這兄弟有個毛病但凡說是見過他家太老爺的就是一條狗也是敬重的你將來先去會了王鬍子這奴才好酒你買些酒與他吃叫他在主子跟前說你是太老爺極歡喜的人他就連三的給你銀子用了他不歡喜人叫他老爺你只叫他少爺

他又有個毛病不喜歡人在他跟前說人做官說人有錢像你受向太老爺的恩惠這些話總不要在他跟前說總說天下只有他一個人是大老官肯照顧人他若是問你可認得我你也說不認得一番話說得鮑廷璽滿心歡喜在這裏又効了兩個月勞到七月盡間天氣凉爽起來鮑廷璽問十七老爺借了幾兩銀子收拾衣服行裏過江往天長進發第一日過江歇了六合縣第二日起早走了幾十里路到了一個地

方叫作四號墩鮑廷璽進去坐下正待要水洗臉只見門口落下一乘轎子來轎子裏走出一個老者來頭戴方巾身穿白紗直裰腳下大紅紬鞋一個通紅的酒糟鼻一部大白鬍鬚就如銀絲一般那老者走進店門店主人慌忙接了行李說道韋四太爺來了請裏面坐那韋四太爺走進堂屋鮑廷璽立起身來施禮那韋四太爺還了禮鮑廷璽讓韋四太爺上面坐他坐在下面問道老太爺上姓是韋不敢拜問貴處是

那裏韋四太爺道賤姓韋敝處滁州烏衣鎮長兄尊姓貴處今往那裏去的鮑廷璽道在下姓鮑是南京人今往天長杜狀元府裏去的看杜少爺韋四太爺道是那一位是慎卿是少卿鮑廷璽道是少卿韋四太爺道他家兄弟雖有太七十个只有這兩個人招接四方賓客其餘的都閉了門在家守着田園做舉業我所以一見就問這兩個人兩個都是大江南北有名的慎卿雖是雅人我還嫌他有帶着些姑娘氣少卿

是個豪傑我也是到他家去的和你長兄吃了飯一同走鮑廷璽道太爺和杜府是親戚韋四太爺道我同他家做贛州府太老爺自小同學拜盟的極相好的鮑廷璽聽了更加敬重當同吃了飯韋四太爺上轎鮑廷璽又僱了一個驢子騎上同行到了天長縣城門口韋四太爺落下轎說道鮑兄我和你一同走進府裏去罷鮑廷璽道請太爺上轎先行在下還要會過他管家再去見少爺韋四太爺道也罷上了轎子一

直來到杜府門上人傳了進去杜少卿慌忙迎出來請到廳上拜見說道老伯相别半載不曾到得鎮上來請老伯和老伯母的安老伯一向好韋四太爺道托庇粗安新秋在家無事想着尊府的花園桂花一定盛開了所以特來看看世兄要杯酒吃杜少卿道奉過茶請老伯到書房裏去坐小廝捧過茶來杜少卿吩咐把韋四太爺行李請進來送到書房裏去轎錢付與他轎子打發回去罷請韋四太爺從廳後一个走巷內曲曲折折走進去纔到一個花園那花園一進朝東的三間左邊一個樓便是殿元公的賜書樓樓前一個大院落一座牡丹臺一座芍藥臺兩樹極大的桂花正開的好合面又是三間廠榭橫頭朝南三間書房後一個大荷花池池上搭了一條橋過去又是三間寄屋乃杜少卿自已讀書之處當請韋四太爺坐在朝南的書房裏道兩樹桂花就在窗槅外韋四太爺坐下問道婁翁尚在尊府杜少卿道婁老伯近來

多病請在內書房住方纔吃藥睡下不能出來會老伯韋四太爺道老人家既是有恙世兄何不送他回去杜少卿道小姪已經把他令郎令孫都接在此侍奉湯藥小姪也好早晚問候韋四太爺道老人家在尊府三十多年可也還有些蓄積家裏置些產業杜少卿道自先君赴任贛州把舍下田地房產的賬目都交付與婁老伯每銀錢出入俱是婁老伯做主先君並不會問婁老伯除每年修金四十兩其餘並不沾一文每收租時候親自到鄉里佃戶家佃戶備兩樣菜與老伯吃老人家退去一樣纔吃一樣凡他令郎令孫來看只許住得兩天就打發回去盤纏之外不許多有一文錢臨行還要搜他身上恐怕管家們私自送他銀子只是收來的租稻利息遇着舍下困窮的親戚朋友婁老伯便極力相助先君知道也不問有人欠先君銀錢的婁老伯見他還不起婁老伯把借券盡行燒去了到而今他老人家兩個兒子四個孫子家

裏仍然赤貧如洗小姪所以過意不去韋四太爺歎道真可謂古之君子了又問道慎卿兄在家好麽杜少卿道家兄自別後就往南京去了正說着家人王鬍子手裏拿着一個紅手本站在窻子外不敢進來杜少卿看見他說道王鬍子你有甚麽話說手裏拿的甚麽東西王鬍子走進書房把手本遞上來禀道南京一個姓鮑的他是領戲班出身他這幾年是在外路生意纔回來家他過江來叩見少爺杜少卿道他既

是領班子的你說我家裏有客不得見他手本收下叫他去罷王鬍子說道他說受過先太老爺多少恩德定要當面叩謝少爺杜少卿道這人是先太老爺抬舉過的麽王鬍子道是當年邵奶公傳了他的班子過江來太老爺着實喜歡這鮑廷璽曾許着要照顧他的杜少卿道既如此說你帶了他進來韋四太爺道是南京來的這位鮑兄我纔在路上遇見的王鬍子出去領着鮑廷璽捏手捏脚一路走進來看見花園

寬濶一望無際走到書房門口一望見杜少卿陪着客坐在那裏頭戴方巾身穿玉色夾紗直裰脚下珠履面皮微黃兩眉劍竪好似畫上關夫子眉毛王鬍子道這便是我家少爺你過來見鮑廷璽進來跪下叩頭杜少爺扶住道你我故人何必如此行禮起來作揖作揖過了又見了韋四太爺杜少卿叫他坐在底下鮑廷璽道門下蒙先老太爺的恩典粉身碎骨難報又因這幾年窮忙在外做小生意不得來叩見少爺

今日纔來請少爺的安求少爺恕門下的罪杜少卿道方纔我家人王鬍子說我家太老爺極其喜歡你要照顧你你既到這裏且住下了我自有道理王鬍子道席已齊了稟少爺在那裏坐韋四太爺道就在這裏好杜少卿躊躇道還要請一個客來因叫那跟書房的小廝加爵去後門外請張相公來罷加爵應諾去了少刻請了一個大眼睛黃鬍子的人來頭戴瓦楞帽身穿大濶布衣服扭扭捏捏做些假斯文像進來

作揖坐下問了韋四太爺姓名韋四太爺說了
便問長兄貴姓那人道晚生姓張賤字俊民久
在杜少爺門下晚生略知醫道連日蒙少爺相
約在府裏看婁太爺因問婁太爺今日吃藥如
何杜少卿便叫加爵去問問了回來道婁太爺
吃了藥睡了一覺醒了這會覺的清爽些張俊
民又問此位上姓杜少卿道是南京一位朋
友說罷擺上席來奉席坐下韋四太爺首席張
俊民對坐杜少卿主位鮑廷璽坐在底下斟上

酒來吃了一會那餚饌都是自已家裏整治的
極其精潔內中有陳過三年的火腿半觔一個
的竹蟹都剝出來膾了蟹羹衆人吃着韋四太
爺問張俊民道你這道誼自然着實高明的張
俊民道熟讀王叔和不如臨症多不瞞太爺說
晚生在江湖上胡鬧不曾讀過甚麽醫書都是
看的症不少近來蒙少爺的教訓纔曉得書是
該念的所以我有一個小兒而今且不教他學
醫從先生讀着書做了文章就拿來給杜少爺

看少爺往常賞個批語晚生也拿了家去讀熟了學些文理將來再過兩年叫小兒出去考個府縣考騙兩回粉湯包子吃將來掛招牌就可以稱儒醫韋四太爺聽他說這話哈哈大笑了王鬍子又拿一個帖子進來禀道北門汪鹽商家明日酧生日請縣主老爺請少爺去做陪客說定要求少爺到席的杜少卿道你回他我家裏有客不得到席這人也可笑得緊你要做這熱鬧事不會請縣裏暴發的舉人進士陪我那

得工夫替人家陪官王鬍子應諾去了杜少卿向韋四太爺說老伯酒量極高的當日同先君吃半夜今日也要盡醉纔好韋四太爺道正是世兄我有一句話不好說你這餚饌是精極的了只是這酒是市買來的身分有限府上有一罈酒今年該有八九年了想是收着還在杜少卿道小姪竟不知道韋四太爺道你不知道是你令先大人在江西到任的那一年我送到船上尊大人說我家裏埋下一罈酒等我做了官

個人都起身來看說道是了打開罈頭舀出一
杯來那酒和曲餅一般堆在杯子裏聞着噴鼻
香韋四太爺道有趣這個不是別樣吃法世兄
你再叫人在街上買十斤酒來攙一攙方可吃
得今日已是吃不成了就放在這裏明日吃他
一天還是二位同享張俊民道自然來奉陪鮑
廷璽道門下何等的人也來吃太老爺遺下的
好酒這是門下的造化說罷教加爵拿燈籠送
張俊民回家去鮑廷璽就在書房裏陪着韋四

太爺歇宿杜少卿候着韋四太爺睡下方纔進
去了次日鮑廷璽清晨起來走到王鬍子房裏
去加爵又和一個小厮在那裏坐着王鬍子問
加爵道韋四太爺可曾起來加爵道起來了洗
臉哩王鬍子又問那小厮道少爺可曾起來那
小厮道少爺起來多時了在婁太爺房裏看着
弄藥王鬍子道我家這位少爺也出奇一個婁
老爹不過是太老爺的門客罷了他旣害了病
不過送他幾兩銀子打發他回去爲甚麼養在

家裏當做祖宗看待還要一早一晚自已伏侍那小厮道王叔你還說這話裏婁太爺吃的粥和菜我們煨了他兒子孫子看過還不算少爺還要自已看過了纔送與婁太爺吃人參銚子自放在奶奶房裏奶奶自已煨人參藥是不消說一早一晚少爺不得親自送人參就是奶奶親自送人參與他吃你要說這樣話只好惹少爺一頓罵說着門上人走進來道王叔快進去說聲臧三爺來了坐在廳上要會少爺王鬍子呼

那小厮道你婁老爹房裏去請少爺我是不去問安鮑廷璽道這也是少爺的厚道處那小厮進去請了少卿出來會臧三爺作揖坐下杜少卿道三哥好幾日不見你文會做的熱鬧臧三爺道正是我聽見你門上說到遠客慎卿在南京樂而忘返了杜少卿道是烏衣韋老伯在這裏我今日請他你就在這裏坐坐我和你到書房裏去罷臧三爺道且坐着我和你說話縣裏王父母是我的老師他在我跟前說了幾次仰

慕你的大才我幾時同你去會會他杜少卿道像這拜知縣做老師的事只好讓三哥你們做不要說先曾祖先祖就先君在日這樣知縣不知見過多少他果然仰慕我他爲甚麽不先來拜我倒叫我拜他况且倒運做秀才見了本處知縣就要稱他老師王家這一宗灰堆裏的進士他拜我做老師我還不要我會他怎的所以北門汪家今日請我去陪他我也不去臧三爺道正是爲此昨日汪家已向王老師說明是請你做陪客王老師纔肯到他家來特爲要會你你若不去王老師也掃興况且你的客住在家裏今日不陪明日也可陪不然我就替你陪着客你就到汪家走走杜少卿道三哥不要倒熟話你這位貴老師總不是甚麽尊賢愛才不過想人拜門生受些禮物他想着我叫他把夢做醒些况我家今日請客煨的有七斤重的老鴨尋出來的有九年半的陳酒汪家没有這樣好東西吃不許多話同我到書房裏去頭拉着就

走臧三爺道站着你亂怎的這韋老先生不曾會過也要寫個帖子杜少卿道這倒使得叫小厮拿筆硯帖子出來臧三爺拿帖子寫了個年家眷同學晚生臧荼先叫小厮拿帖子到書房裏隨即同杜少卿進來韋四太爺迎着房門作揖坐下那兩人先在那裏一同坐下韋四太爺問臧三爺尊字杜少卿道臧三哥尊字蓼齋是小姪道學裏翹楚同慎卿家兄也是同會的好友韋四太爺道久慕久慕臧三爺道久仰老先

生幸遇張俊民是彼此認得的臧蓼齋又問這位尊姓鮑廷璽道在下姓鮑方纔從南京回來的臧三爺道從南京來可曾認得府上的慎卿先生鮑廷璽道十七老爺也是見過的當下吃了早飯韋四太爺就叫把這罈酒拿出來兌上十斤新酒就叫燒許多紅炭堆在桂花樹邊把酒罈頓在炭上過一頓飯時漸漸熱了張俊民領着小厮自已動手把六扇窻格盡行下了把桌子抬到簷內大家坐下又備的一席新鮮菜

杜少卿叫小厮拿出一個金杯子來又是四個玉杯罇子裏舀出酒來吃韋四太爺捧着金杯吃一杯讚一杯說道好酒吃了半日王鬍子領着四個小厮抬到一個箱子來杜少卿問是甚麼王鬍子道這是少爺與奶奶大相公新做的秋衣一箱子纔做完了送進來與少爺查件數裁縫工錢已打發去了杜慎卿道放在這里等我吃完了酒查纔把箱子放下只見那裁縫進來王鬍子道楊裁縫回少爺的話杜少卿道他又說甚麼站起身來只見那裁縫走到天井里雙膝跪下磕下頭去放聲大哭杜少卿大驚道楊司務這是怎的楊裁縫道小的這些時在少爺家做工今早領了工錢去不想纔過了一會小的母親得個暴病死了小的拿了工錢家去不想到有這一變把錢都還了柴米店里而今母親的棺材衣服一件也沒有沒奈何只得再來求少爺借幾兩銀子與小的小的慢慢做着工算杜少卿道你要多少銀子裁縫道小戶人

家怎敢望多少爺若肯多則六兩少則四兩罷了小的也要算着除工錢够還杜少卿慘然道我那裏要你還你雖是小本生意這父母身上大事你也不可草草將來就是終身之恨幾兩銀子如何使得至少也要買口十六兩銀子的棺材衣服雜貨共須二十金我這幾日一個錢也没有也罷我這一箱衣服也可當得二三十多兩銀子王鬍子你就拿去同楊司務當了一摠把與楊司務去用又道楊司務這事你却不可

記在心裏只當忘記了的你不是拿了我的銀去吃酒賭錢這母親身上大事人孰無母這是我該帮你的楊裁縫同王鬍子抬着箱子哭哭啼啼去了杜少卿入席坐下韋四太爺道世兄這事真是難得鮑廷璽吐着舌道阿彌陀佛天下那有這樣好人當下吃了一天酒臧三爺酒量小吃到下午就吐了扶了回去韋四太爺這幾個直吃到三更把一罈酒都吃完了方纔散只因這一番有分教輕財好士一鄉多濟友朋

月地花天四海及聞豪傑不知後事如何且聽
下回分解

慎卿少卿俱是豪華公子然兩人自是不同
慎卿純是一團慷爽氣少卿却是一個獃串
皮一副筆墨却能分毫不犯如此
婁太爺是暗要韋太爺是明吃至裁縫王鬍
子各各有算計少卿之法世情惡薄形容盡
致